Ova knjiga pripada
(this book belongs to)

_____

_____

Smooth Red Studios

Copyright © 2024 Smooth Red Studios
All rights reserved.

ISBN 978-0-646-70303-9

The author generated the illustrations within this book using Magic Studio, Canva's AI image generator. Upon generating images from simple descriptions, the author reviewed, edited and revised the images to their own liking and takes ultimate responsibility for the content of this publication.

MOJE PRVE RIJEČI

ABECEDA

Ivana Rezo

Aa

Auto (Car)

Balerina (Ballerina)

Cc

Cvijet (Flower)

Čč

Čizme (Boots)

Ćć

Ćup (Jar)

Dd

Duga (Rainbow)

Dž dž

Džemper (Jumper)

Đd

Đak (Student)

Ekran (Screen)

Frula (Flute)

Gg

Gnijezdo (Nest)

Ii

Iglu (Igloo)

Jj

Jednorog (Unicorn)

Leptir (Butterfly)

LJlj

Ljuljačka (Swing)

Nn

Naočale (Glasses)

NJnj

Njuška (Snout)

Oo

Oblak (Cloud)

Pp

Pas (Dog)

Rr

Raketa (Rocket)

Ss

Sirena (Mermaid)

Šš

Šešir (Hat)

Uu

Usisivač (Vacuum)

Violina (Violin)

Zz

Zec (Rabbit)

Žirafa (Giraffe)

www.ingramcontent.com/pod-product-compliance
Lightning Source LLC
Chambersburg PA
CBRC091404160426
42811CB00108B/1929/J